NOTICE

DES

PIERRES GRAVÉES

ANTIQUES ET MODERNES,

DESSINS ET AUTRES OBJETS D'ART.

janvier

NOTICE

DES

PIERRES GRAVÉES

ANTIQUES ET MODERNES,

DESSINS ET AUTRES OBJETS D'ART,

COMPOSANT LE CABINET

DE FEU M. ALLIER DE HAUTEROCHE,

Chevalier de l'Ordre souverain de St.-Jean de Jérusalem, ancien Consul au Levant, Membre de l'Académie des Sciences et Belles-Lettres de Marseille, de celle d'Émulation de Cambrai, etc.

La Vente de ces Objets se fera

AU DOMICILE DE FEU M. A. DE HAUTEROCHE,

Rue de Choiseul, n° 19,

Les lundi 28 janvier 1828 et jours suivants, de midi précis à quatre heures du soir.

L'EXPOSITION AURA LIEU LE DIMANCHE 27 DU MÊME MOIS.

CETTE NOTICE SE DISTRIBUE :

Chez
- Mᵉ LACOSTE, Commissaire-Priseur, rue Thérèse, n° 2.
- M. DUBOIS, rue de Savoie-St.-André-des-Arcs, n° 4.
- M. HENRY, Peintre-Expert des Musées royaux, rue de Bondi, n° 23.

Paris. — 1828.

Notice Biographique

SUR

M. ALLIER DE HAUTEROCHE.

La Société a perdu, au mois de novembre dernier, dans la personne de M. de Hauteroche, un de ces hommes que les sciences n'ont pas moins à regretter que la vertu, et qui méritent que l'on revienne jeter quelques fleurs sur leur tombe : triste et dernière prérogative de l'amitié qui survit!

M. Louis Allier de Hauteroche, chevalier des ordres de Saint-Jean de Jérusalem et du Saint-Sépulcre, etait issu d'une famille noble de Lyon. La tourmente révolutionnaire le jeta, dès son jeune âge, à Constantinople, où il se trouvait à l'époque de la célèbre ambassade du général Aubert du Bayet. Les événements dont sa famille et lui avaient souffert avaient donné plus de gravité à son caractère à la fois sérieux et doux. Il fallait à cet esprit une occupation positive ; et l'étude de la chronologie lui sembla peut-être moins ingrate que celle du cœur humain.

Ce fut à Constantinople même que M. de Hauteroche se mit à former une collection de médailles grecques, qu'il augmenta beaucoup dans le cours de ses voyages dans l'Attique et en Égypte. Il revint en France en 1800, mais le Levant n'avait point cessé de l'intéresser; et il se trouva heureux d'être successivement employé, par le département des affaires étrangères, d'abord comme consul à Héraclée, dans la mer Noire, et à Cos, dans l'Archipel; ensuite comme attaché au consulat général de Smyrne, et à l'inspection générale du Levant. C'est en cette dernière qualité qu'il accompagna M. le baron Félix de Beaujour, son ami, dans la tournée que cet inspecteur général fit, en 1817, de tous les etablissemens français en Turquie. M. de Hauteroche eut, pendant ce voyage, l'occasion et le loisir d'augmenter sa collection, où l'on a vu figurer le Persée de Macédoine et le Démétrius Poliorcète, qui enrichissent aujourd'hui le cabinet de la Bibliothèque royale. De retour à Paris, il s'occupa de mettre de l'ordre dans ses trésors d'archéologie, il classa ses médailles, les décrivit, et il avait commencé à les faire graver : la mort l'a surpris au milieu de ce travail. Il a laissé la collection la plus complète de médailles grecques qu'il y ait peut-être en Europe, dans les cabinets particuliers, non-seulement par l'assortiment des pièces, fruit précieux, mais pénible, d'une infinité de recherches et d'échanges, mais surtout par leur beauté et par leur conservation. Les écrits qu'il méditait sur la science numismatique eussent bientôt mis le dernier sceau à sa réputation; mais s'ils eussent achevé de justifier l'estime que tous les savants lui portaient déjà, tant en France qu'à l'étranger, ils n'eussent pu rien ajouter à la tendre affection qu'il savait inspirer à ceux qui le fréquentaient. Il avait déjà préludé par quelques *Dissertations* intéressantes, composées pour les sociétés savantes dont il était membre, telles qu'un *Mémoire* sur une médaille anecdote de Polémon Ier, roi de Pont, imprimé à Cambrai en juillet 1826; une *Notice* sur les deux Sapho, lue dans le mois d'août 1822 à la Société asiatique; et un *Essai* sur l'explication d'une Tessère antique, portant deux dates, qu'il publia en 1820, et qui fixe une époque importante dans l'histoire de Syrie.

M. A. de Hauteroche, en instituant sa légataire universelle une nièce, digne à tous égards de sa tendresse, a mérité aussi que sa mémoire restât éternellement chère à la science et à son pays. Il a légué au Cabinet du Roi deux morceaux extrêmement précieux; savoir, la Tessère syrienne à double date, dont il vient d'être parlé, et une médaille en or de Persée, roi de Macédoine, pièce jusqu'à présent unique. Il a en outre fondé, en faveur de l'Académie royale des Inscriptions et Belles-Lettres, une rente perpétuelle de quatre cents francs, pour être annuellement employée en un prix à décerner au meilleur ouvrage de numismatique. C'est en 1825 qu'il avait fait ces actes de dernière volonté. Depuis ce jour surtout, il a pu se dire : *Non omnis moriar*, et il a goûté en paix cette satisfaction intérieure qui fait la première récompense de l'homme de bien.

Je fus aussi l'ami de M. de Hauteroche. Notre intimité, formée à Constantinople, et qui n'a cessé d'être, jusqu'au dernier jour, également vive et douce, m'a rendu plus d'une fois le confident des vœux de cet excellent homme, pour que le fruit de ses laborieuses recherches ne fût point, après lui, dispersé et perdu pour la France.

(Article communiqué par M. le Chevalier SOULANGE-BODIN, *Secrétaire général de la Société d'Horticulture, l'un des Exécuteurs testamentaires.*)

NOTICE

DES

PIERRES GRAVÉES

ANTIQUES ET MODERNES,

DESSINS ET AUTRES OBJETS D'ART.

PIERRES GRAVÉES ANTIQUES ET MODERNES. — PIERRES SANS GRAVURE.

1. Jaspe vert. Scarabée monté en bague d'or.

Isis *Ptérophore*, la tête chargée d'un disque, en regard avec le jeune *Chons* assis sur une touffe de lotus : sur le haut du champ est un globe posé sur un croissant. — Travail égyptien.

2. Sardoine. Intaille montée en bague d'or.

Un *Canope*, la tête surmontée de cornes de bélier, sur lesquelles s'élèvent deux *uræus* et deux plumes. Sur le pourtour du champ, on lit : ΠΡΙCΚΟ. — Travail de l'école grecque d'Alexandrie.

3. Jaspe vert. Intaille.

Amulette offrant à peu près la forme du

vase *Héri* : sur ses faces opposées sont placées des légendes hiéroghyphiques. — Travail moderne.

4. Calcédoine saphirine. Intaille.

Amulette de forme cônique, percée vers sa partie supérieure : sous sa base est représenté un personnage debout et qui élève les mains vers un objet dont le nom nous est inconnu : sur le haut du champ est un *mihr*, et plus bas est gravé un croissant. — Travail assyrien ou persan.

5. Jaspe vert et calcédoine. Intailles.

Copies de deux pierres gravées persanes : l'une représente la tête d'un roi ; sur la seconde est figuré un animal symbolique.

6. Sardonyx à trois couches. Intaille montée en bague d'or.

Un bison couché : sous le champ qui le supporte sont gravés cinq objets dont les noms nous sont inconnus.

7. Cornaline. Intaille.

Un scarabée de travail italiote : sous sa base est gravée la Chimère.

8. Jaspe jaune. Intaille montée en bague d'or.

Cybèle montée sur un lion courant.

9. Sardonyx à trois couches. Camée ovale, contenu par des griffes dans une forme de miroir antique, en or ciselé.

Jupiter debout et de face, tenant de la

main droite une patère, et de l'autre main un scèptre : sur sa poitrine est atachée une chlamyde (ou peut-être une longue Ægide), dont l'extrémité inférieure retombe sur son bras gauche : aux pieds du dieu repose l'aigle, qui forme son attribut particulier.

Ce camée, dont le travail ne paraît point être terminé, est d'ailleurs très remarquable par la grandeur extraordinaire de ses dimensions, et surtout par la beauté de couleur et la pureté des couches de la matière précieuse sur laquelle il est exécuté (1).

Cette pierre a été acquise à Smyrne, et l'on croit qu'elle a été trouvée dans les ruines d'Ephèse, où a été découvert autrefois le célèbre Jupiter *Ægiochus*, de la bibliothèque Saint-Marc, à Venise.

10. Améthyste. Intaille montée en bague d'or.

Jupiter assis, tenant un sceptre et la foudre.

11. Cornaline. Intaille montée en cachet d'or.

Sur l'une de ses faces sont représentées les figures de Jupiter et de Vénus : au revers est un centaure. Cette pierre, qui pa-

---

(1) Couche inférieure, brune et transparente; couche intermédiaire, d'un blanc légèrement bleuâtre; couche supérieure, de belle couleur blonde. — Hauteur, 7 centimètres 9 millimètres. Largeur, 5 centimètres 6 millimètres.

raît être astrologique, est chargée d'inscriptions dont le sens nous est inconnu.

12. Niccolo. Intaille montée en bague d'or.

Tête de Jupiter, laurée et vue de profil.

13. Cornaline-onyx. Intaille montée en bague d'or.

Tête de Jupiter-Ammon, vue de profil.

14. Sardoine claire. Intaille montée en bague d'or.

Têtes *affrontées* de Sarapis et d'Isis.

15. Cornaline. Intaille montée en bague d'or.

Têtes affrontées des mêmes divinités.

16. Cornaline. Intaille montée en bague d'or.

Tête de Sarapis, vue de profil et placée entre deux enseignes militaires : sur le bas du champ sont gravés deux aigles détournant la tête.

17. Lapis-lazuli. Intaille montée en bague d'or.

Tête de Sarapis, vue de profil : sur le *modius* qui la couvre, et d'où sortent des fruits, est posé un papillon. Sur le bord du champ sont figurés les objets suivants : un astre rayonnant; un trident entouré d'un serpent, deux flûtes, une syrinx, un lézard et un scorpion. Près du trident, on lit : ΔΙΛΛΘ.

18. Cornaline-onyx. Camée monté en bague d'or.

Inscription grèque en l'honneur de Sarapis.

19. Cornaline-onyx. Intaille montée en bague d'or.

Un aigle debout et détournant la tête : autour du champ, MANNATOO.

20. Prime d'émeraude. Intaille montée en bague d'or.

L'aigle de Jupiter buvant dans la coupe de ce dieu.—Apportée du Levant.

21. Jaspe rouge. Intaille montée en bague d'or.

Un aigle dévorant un lièvre.

22. Sardonyx à trois couches. Intaille montée en bague d'or.

Le même sujet.

23. Sardonyx à trois couches. Intaille entourée de petits brillants et montée en bague d'or.

Tête d'Apollon - Soleil, vue de profil.

24. Niccolo. Intaille montée en bague d'or.

Thalie assise, tenant le *pedum* et un masque comique : devant elle : LIA.

25. Agathe-onyx. Camée monté en bague d'or.

Un cigne placé sur le rivage et déployant ses ailes.

26. Niccolo. Intaille montée en bague d'or.

Le corbeau d'Apollon, perché sur une lyre et tenant avec son bec un rat par la queue.

27. Sardonyx à trois couches. Camée monté en bague d'or.

Tête de Diane vue de profil, et surmontée d'un croissant : le visage paraît être un portrait.

28. Prime d'émeraude. Intaille montée en bague d'or.

Diane *triformis* avec ses attributs : sur la face opposée, Némésis, la roue et le griffon.

29. Niccolo. Intaille montée en bague d'or.

Minerve armée, et qui paraît marcher en rasant la terre.

30. Jaspe rouge. Intaille montée en bague d'or.

Buste de Minerve, casqué et vu de profil : autour du champ : ΗΣΥΧΟΣ (Tranquille). Nous ignorons si ce surnom donné ici à Minerve, est déjà connu par les auteurs anciens ou par les monuments de l'art.

31. Agate-sardoine. Intaille montée en bague d'or.

Vénus *victrix*.

32. Hyacinthe. Intaille montée en bague d'or.

Amour sautant et tenant un arc.

33. Sardonyx à deux couches. Intaille montée en bague d'or.

Buste en hermès de Psyché, vue de profil : sur le champ ΛωΥΤΗΟC.

34. Cornaline. Intaille montée en bague d'or.

Amour apprivoisant un lion qui lui présente la patte.

35. Sardonyx en trois couches. Intaille montée en bague d'or.

Amour ou un génie monté sur un *bige.*

36. Jaspe jaune. Intaille montée en bague d'or.

Amour armé d'un arc et d'une flèche, précédé d'un sanglier qui tient dans sa gueule un objet difficile à reconnaître : sur le reste du champ sont placés deux astres rayonnants, un foudre, et l'inscription suivante : ΠΡΙΒΑΤΑ.

37. Cornaline. Intaille montée en bague d'or.

Buste de Mercure, vu de profil.

38. Cornaline. Intaille montée en bague d'or.

Un bélier, animal consacré à Mercure, tenant à la bouche un rameau : au haut du champ, LVPVS.

39. Niccolo. Intaille montée en bague d'or.

L'éducation du jeune Bacchus, composition de trois fig. — Apporté de la Grèce.

40. Vermeille. Intaille montée en bague d'or.

Un suivant de Bacchus se posant une couronne sur la tête; contre son épaule gauche est appuyé un long thyrse.

41. Agate-onyx. Camée monté en médaillon d'or.

Un satyre découvrant une femme endormie sur un rocher.

42. Niccolo. Intaille montée en bague d'or.

Un *Ægipan* luttant contre un bouc dressé devant lui ; en arrière du premier est un Faune assis, et qui paraît être le juge de ce combat.

43. Cornaline. Intaille montée en bague d'or.

Un suivant de Bacchus monté sur une chèvre.

44. Sardonyx. Intaille montée en bague d'or.

Un suivant de Bacchus, debout, tenant un vase, et le pied droit sur une tête de bélier.

45. Onyx-barrée. Intaille monté en bague d'or.

Priape en Hermès.

46. Sardoine. Intaille montée en bague d'or.

Sacrifice à Priape.

47. Prime d'émeraude. Intaille montée en or.

Un *Phallus* au milieu de deux serpents.

48. Prime d'éméraude. Intaille montée en bague d'or.

La fertilité tenant trois épis, et appuyée d'une main sur une petite figure de Priape.

49. Cornaline-onyx. Intaille montée en bague d'or.

Masque de Silène, vu de profil.

50. Cornaline-onyx, à trois couches. Camée monté en bague d'or.

Un masque barbu vu de face.

51. Jaspe jaune. Intaille montée en bague d'or.
La fortune donnant la main à un homme vêtu d'une chlamyde, et qui tient un flambeau allumé.

52. Sardonyx à trois couches. Intaille montée en bague d'or.
Triptolème debout, tenant deux épis à la main.

53. Cornaline. Intaille montée en bague d'or.
Copie de l'Hercule Farnèse, par Pichler.

54. Cornaline. Intaille montée en bague d'or.
Le même sujet.

55. Niccolo. Intaille, montée en bague d'or.
Tête d'Hercule, vue de profil.

56. Sardonyx. Intaille montée en bague d'or.
Le même sujet.

57. Cornaline. Intaille montée en bague d'or.
Le même sujet.

58. Sardoine. Intaille montée en bague d'or.
Omphale marchant chargée des dépouilles d'Hercule, copié par Pichler d'une très belle intaille du cabinet du grand-duc de Toscane (1).

59. Cornaline. Intaille montée en bague d'or.
Le génie d'Hercule, le bras droit reposant sur sa tête, et l'autre bras appuyé sur

---

(1) Gori, *Mus. Florent.*, I, tab. XXXVIII, n° 8.

une massue : sur le champ, on lit : HERMES. Nous ignorons si ce nom est celui du graveur ou du propriétaire ancien de cette pierre.

60. Jaspe rouge. Intaille montée en bague d'or.

Tête de Méduse, vue de profil.

61. Cornaline. Intaille montée en cachet d'or.

Cinq des chefs qui prirent part à la première expédition contre Thèbes : copie d'une pierre gravée, célèbre, qui appartient au cabinet du roi de Prusse (1).

62. Cornaline. Intaille montée en bague d'or.

Deux personnages assis l'un devant l'autre : imitation du style archaïque.

63. Sardoine. Intaille montée en bague d'or.

Tête juvénile casquée, et vue de profil : on peut supposer que cette gravure représente Achille = Apportée de la Grèce.

64. Prime d'émeraude. Intaille montée en bague d'or.

Hector, sorti de Troie, adresse ses adieux à Andromaque et à son fils, restés sous les portes Scées.

65. Lapis-lazuli. Intaille montée en bague d'or.

Achille debout, examinant les armes qui lui ont été forgées par Vulcain.

---

(1) Winckelmann, *Catalogue des pierres gravées du baron de Stosch*, p. 354, n° 172,

66. Sardoine. Intaille montée en bague d'or.
Diomède à demi assis, tenant le Palladium : copie d'après Dioscourides (1), ou quelque autre des graveurs anciens qui ont traité le même sujet.

67. Améthyste. Intaille montée en bague d'or.
Tête dite d'Annibal, casquée, et vue de profil.

68. Sardoine claire. Intaille montée en bague d'or.
Tête de Juba, diadêmée, et vue de profil.

69. Agate-onyx. Camée monté en bague d'or.
Buste de Cléopâtre, vu de profil; travail du seizième siècle.

70. Agate-sardoine. Camée monté en médaillon d'or.
Tête d'Auguste, laurée et vue de profil.

71. Jaspe-vert-onyx. Camée monté en bague d'or.
Tête d'Agrippa, vue de profil.

72. Sardoine-onyx. Camée monté en bague d'or.
Tête, dite de Mécène, vue de profil.

73. Prime d'émeraude. Intaille montée en bague d'or.
Tête d'Agrippine, vue de profil.

---

(1) Ce graveur a toujours inscrit ainsi son nom sur ses ouvrages, et non pas *Dioscorides*, comme on le prononce fautivement.

74. Cornaline. Intaille montée en bague d'or.
Têtes affrontées de Néron et d'Octavie. — Apportées de la Grèce.

75. Cornaline. Intaille montée en bague d'or.
Tête présumée d'Octavie, vue de profil.

76. Sardoine. Intaille montée en bague d'or.
Tête présumée de Britannicus, vue de profil.

77. Cornaline. Intaille montée en bague d'or.
Tête de Galba, laurée et vue de profil.

78. Jaspe rouge. Intaille montée en bague d'or.
Têtes affrontées de Marc-Aurèle et de Faustine.

79. Améthyste. Intaille montée en bague d'or.
Tête de Faustine, vue de profil.

80. Jaspe rouge. Intaille montée en bague d'or.
Tête de Flavia, vue de profil : autour du champ, on lit : FLAVIA ÆTERNAM. — Apporté de Constantinople.

81. Prime d'émeraude. Intaille montée en bague d'or.
Têtes affrontées des deux Philippe : entre eux sont gravés un maillet et un caducée. — Apportées de Constantinople.

82. Niccolo. Intaille montée en bague d'or.
Tête laurée et vue de profil : devant elle est placée une branche de laurier.

83. Agate-sardoine. Intaille montée en bague d'or.

Tête laurée, et vue de profil.

84. Jaspe-onyx. Camée monté en bague d'or.

Tête barbue, laurée et vue de profil.

85. Cornaline. Camée monté en bague d'or.

Tête barbue et diadêmée, vue de trois-quarts.

86. Agate-onyx. Camée monté en bague d'or.

Tête de femme voilée, vue de profil: quelques parties de son voile présentent la couleur et l'opacité du jaspe rouge.

87. Niccolo. Intaille montée en bague d'or.

Tête de femme voilée, vue de profil.

88. Jaspe rouge. Intaille monté en bague d'or.

Tête d'homme imberbe, vue de profil.

89. Prime d'émeraude. Intaille montée en bague d'or.

Tête d'homme imberbe, vue de profil.

90. Jaspe-sardoine. Camée monté en médaillon d'or.

Tête impériale, laurée et vue de profil.

91. Niccolo. Intaille montée en bague d'or.

Tête de femme diadêmée, et vue de profil.

92. Sardonyx à trois couches. Intaille montée en bague d'or.

Tête de dame romaine, vue de profil.

93. Niccolo. Intaille montée en bague d'or.

Tête de dame romaine, vue de profil.

94. Prime d'émeraude. Intaille montée en bague d'or.

Tête de dame romaine, vue de profil.

95. Onyx baigné. Camée monté en médaillon d'or.

Tête de femme, vue de profil.

96. Cornaline opaque. Intaille montée en bague d'or.

Tête de femme voilée, et vue de profil.

97. Cornaline. Intaille montée en bague d'or.

Tête juvénile, vue de profil.

98. Turquoise. Camée entouré de petits brillants et monté en épingle d'or.

Tête d'enfant, vue de trois quarts.

99. Calcédoine. Intaille montée en bague d'or.

Un sacrifice, composition de cinq figures.

100. Sardonyx à trois couches. Intaille montée en bague d'or.

Un jeune homme nu et debout, tenant un strigille.

101. Hyacinthe. Camée monté en bague d'or.

Le visage d'une femme, vu de face.

102. Cornaline. Intaille montée en bague d'or.

Un lion terrassant un cerf.

103. Jaspe-onyx. Intaille montée en bague d'or.

Assemblage de deux masques humains et d'une hure de sanglier.

104. Sardonyx-barrée. Intaille montée en bague d'or.

Une sauterelle sur un épi.

105. Onyx à deux couches. Camée monté en médaillon d'or.

Une inscription grecque, composée de six lignes, et dont voici le sens : *Je ne t'aime pas : Ne te trompe pas ; moi, je le sais et je ris.* (Toi) *qui portes* (cette bague), *puisses-tu vivre long-temps* !

On a publié quelques inscriptions du même genre (1) : une autre, qui appartenait à la collection du respectable baron Van-Hoorn, a passé depuis dans le cabinet du roi des Pays-Bas.

106. Cornaline. Intaille montée en or.

Tessère de forme alongée : sur l'une de ses faces sont gravés trois astres, le chiffre XII, et quelques autres signes dont la valeur nous est inconnue.

107. Prime d'émeraude. Intaille montée en bague d'or.

---

(1) Gruter, *Inscript. ant.*, p. 1158. — Venuti, *Dissertazione sopra' alcune gemme letterate*, Tav. 1. — *Marini, Gli atti e monumenti de' fratelli Arvali*, II, p. 812. — *Magazin encyclop.* (VIIe année), II, p. 451 ; — *ibid.* (VIIIe année), 154.

L'inscription suivante, gravée entre deux palmes : N. R. S. A. IMMVTATIS.

108. Jaspe rouge. Intaille montée en bague d'or.

MESSORI SVO BOD. REGINA RELIGIOSO.

109. Pâte imitant le niccolo. Intaille montée en bague de bronze.

C. C. L. MAXIMI.

110. Bague d'or.

Sur son chaton est gravé en relief le monogramme du Christ.

111. Hématite. Intaille.

Abraxas. Sur l'une de ses faces est un cavalier frappant un lion; au revers: CΦPAΓIC ΘΕΟΥ (Sceau de Dieu). Cette inscription se trouve sur d'autres pierres du même genre.

112. Hématite. Intaille.

Abraxas. — Sur une face, le *grand Pan* ailé, figure empruntée à la mythologie égyptienne (1): au revers, figures et légendes barbares.

113. Serpentine. Intaille.

Amulette chargée de légendes barbares.

---

(1) M. Champollion le jeune, *Notice des monumens égyptiens du Musée Charles X*, p. 2, n° 1.

114. Sardonyx à trois couches. Intaille montée en bague d'or.

Inscription cufique, ainsi conçue : *Mohammed, fils de Hassan, met sa confiance en Dieu.*

115. Grenat clair. Intaille montée en bague d'or.

Inscription cufique, contenant le nom de Hassan, fils de Mohammed.

116. Jaspe rouge. Intaille monté en bague d'or.

Tête de Mercure, vue de profil. (Cette pierre n'a pu être classée à la place qu'elle devait occuper.)

117. Matières diverses. Intailles.

Onze pierres gravées représentant des sujets peu importants.

118. Une belle sardonyx orientale à trois couches, montée en bague d'or. (Cette pierre est percée dans sa largeur.)

119. Autre sardonyx orientale à trois couches, montée en bague d'or.

120. Sardonyx orientale à trois couches, montée en bague d'or.

121. Sardonyx orientale, à trois couches, montée en bague d'or.

122. Petite sardonyx orientale à trois couches, montée en bague d'or.

123. Petite sardonyx orientale (barrée), montée en bague d'or.

124. Un beau Niccolo, monté en bague d'or.

ANTIQUITÉS DIVERSES.

125. Terre émaillée. Figurine.
Thoth debout.

126. Terre émaillée.
Figurines et amulettes égyptiennes.

127. Bronze. Figurine.
Apis debout, la tête chargée d'un disque et d'un *urœus* : sur sa base est gravée une légende hiéroglyphique.

128. Bronze.
Dix figurines, dont quelques-unes sont de travail égyptien.

129. Argent.
Fragment d'un *repoussé* de travail égyptien.

130. Terre cuite peinte.
Un vase grec, de forme ronde, à deux anses et de vieux style : son pourtour est orné de figures d'animaux dont quelques parties sont rehaussées de rouge.

131. Terre cuite peinte.
Vingt-sept vases grecs, dont quelques-

uns appartiennent à la fabrique de Nola. (Cet article sera divisé.)

132. Bronze. Figurine.

Mercure debout, tenant la *Crumena* et le caducée : sa tête, qui est ailée et laurée, porte en outre un attribut qui nous est inconnu.

133. Bronze.

Poids de forme carrée, et garni d'une belière : sur sa face principale est figuré un hippocampe (1) ; accompagné des lettres suivantes : HΞENO. La première de ces lettres est probablement numérale, et doit exprimer le nombre huit ; le mot qui la suit est sans doute le nom d'un magistrat *agoranome*. — Apporté de Lampsaki, village turc, bâti sur les ruines de l'ancienne Lampsaque.

134. Albâtre.

Un vase dont les côtés sont ornés d'oreilles humaines : sur sa panse est gravée cette inscription : ΙΣΤΙ ΤΡΥΦΩΝ ΑΙΕΩΝ. Nous laissons aux connaisseurs à décider de l'antiquité de cet objet.

135 Plomb.

---

(1) Le même type se voit sur les médailles de Lampsaque. Voyez, Mionnet, *Description de médailles*, etc, II, p. 559, n° 284.

Deux olives de fronde : sur l'une, on lit : ΑΡΝΙΑ (attrapes) ; sur l'autre : FIR (pour *firmenter*).

136. Marbre blanc.

Buste de Julie, fille de Titus. — Trouvé à Nismes.

137. Bronze.

Un sanglier dans l'action de la course.

138. Argent.

Un *Phallus* suspendu à une bélière, et terminé par une main fermée.

139. Bronze.

Trois vases, dont l'un paraît avoir servi d'étalon de mesure.

140. Verre.

Un très petit vase et les débris d'un objet du même genre.

141. Terre cuite.

Un vase de belle forme, lampes, etc.

142. Plomb.

Seize médailles, tessères, etc.

143. Plomb.

Douze autres tessères et médailles.

144. Bronze.

Un lot de médailles romaines, de tous modules.

145. Bronze.

Cent quarante cinq médailles impériales.

146. Bronze.

Cent trois médailles impériales.

147. Bronze.

Cent trois médailles impériales.

148. Bronze.

Deux cent cinquante médailles impériales.

149. Marbre blanc.

Trois inscriptions funéraires, grecques et romaines.

150. Plomb.

Quelques anneaux plus ou moins bien conservés.

MÉLANGES.

151. Lave.

Copies réduites d'une statue d'*Athyr* et d'une autre figure de style gréco-égyptien.

152. Bronze.

Mercure debout et tenant la *crumena* : l'original de cette figurine a été découvert en Bresse, et doit se trouver aujourd'hui dans le cabinet de M. le chevalier Knigt, à Londres.

153. Fer.

Un coin représentant une tête impériale.

154. Bronze.

Deux anneaux fabriqués dans le moyen âge.

155. Or.

Médaille frappée sous le règne de Pierre-le-cruel, roi d'Espagne.

156. Cuivre.

Un poids qui était en usage sous le règne de Louis XII.

157. Bronze.

Surmoule du sceau de Charles IX.

158. Une *trousse* en cuir peint et doré : son intérieur renferme une scie, un marteau et d'autres instruments montés en argent et décorés d'arabesques gravés, qui paraissent avoir été les attributs d'une charge particulière. Sur le couvercle de cet étui sont peintes les armes des Sanguin, marquis de Livry (1). — Travail du seizième siècle.

159. Bois.

Un petit médaillon, sujet allégorique sculpté en bas relief. — Ancienne école allemande.

160. Une boîte en écaille, dont le couvercle est décoré d'un portrait en émail contenu dans

---

(1) Voy. *Histoire des grands Officiers de la Couronne*, tom. IX, p. 271.

un cercle d'or, et représentant la marquise de Sévigné : ce portrait a servi de modèle à la gravure qui orne l'édition des lettres de cette dame, publiée en 1818 par M. Blaise.

161. Cuivre.

Une petite chapelle grecque, à deux volets, décorée de sujets pieux.

162. Argent.

Un espèce de lingot portant des légendes chinoises.

163. Jade.

Une petite tasse bien conservée.

164. Porphyre rouge oriental.

Deux grands vases très bien conservés.

165. Une boîte à charnière avec monture en or : cette boîte est composée de deux plaques et de quatre *battes* en agate orientale.

166. Cristal de roche.

Un flacon dont le bouchon en or est décoré par une entaille sur chrysoprase, représentant le buste de la Gloire.

167. Une coupe en cristal de roche.

168. Un étui en jaspe sanguin avec monture en or : le bouton qui sert à l'ouvrir est fermé par un petit brillant.

169. Une plume porte-crayon en or.

170. Une boîte de forme ronde, en agate rubannée, avec monture en or.

171. Plaques d'une boîte en cornaline.
172. Bronze. Trente et une médailles et essais de monnaies.
173. Argent. Dix-sept médailles et essais de monnaies.
174. Cuivre. Cinquante-sept jetons de diverses époques.
175. Empreintes en soufre et en gypse, prises sur des médailles et pierres gravées.

DESSINS ENCADRÉS,

DE BOISSIEU.

176. OEuvres de charité, ou distribution d'aliments faite à des pauvres dans l'intérieur d'un couvent; dessin très capital, lavé à l'encre de la Chine.
177. Plusieurs Etudes de figures réunies sur la même feuille; dessin à la plume et lavé à l'encre de la Chine.
178. Etudes d'arbres : dessin exécuté comme les deux précédents.
179. Portrait de vieille femme : dessin fait au crayon de sanguine.

HUET (J.-B.)

180. Paysan conduisant deux chevaux : dessin à la plume et lavé.

LORENTY (M.).

181. Deux bœufs sur le devant d'un paysage.

MALLET (M.).

182. Jeune brodeuse se refusant aux privautés de son amant : dessin gouaché.

PALMÉRIUS.

183. Trois dessins à la plume, savoir : Personnages russes en voyage ; paysan abreuvant deux chevaux à une fontaine.

PEYRON (J.-F.-P.).

184. Sujet historique : petit dessin à la plume et lavé.

PRUD'HON (P. P.).

185. La Vigilance. Elle est représentée par une femme assisse et dévidant ; une lampe placée sur le haut de son dévidoir indique qu'elle travaille nuit et jour. Ce dessin est fait au crayon et très terminé.

186. L'amour enchaîné, et, pour pendant, l'amour riant du mal qu'il fait : dessins au crayon.

187. Autre dessin représentant un enfant assis.

RICHARD (M.-F.-F.)

188. Louis XIV aux genoux de Mlle. de la Vallière : dessin au crayon, rehaussé de blanc.

RUBENS (P.-P.).

189. Etude de lion.

SNEYDERS (F.)

190. Chasse au sanglier. Ces deux dessins sont d'une savante exécution.

VERNET (M. C.)

191. Cosaque à cheval : dessin à la plume et lavé.

DUVIVIER.

192. Paysan conduisant deux chevaux.

193. Quatre dessins, par différents maîtres : portrait du Bramante ; celui d'Érasme ; pêche en pleine mer, et la tentation de saint Antoine.

194. Portrait d'homme, fait au pastel.

DESSINS EN FEUILLES.

195. Marines et paysages, dessinés à la plume et au lavis, par Backhuyzen, Breughel, Spoëlmann et Storck : cinq pièces.

196. Deux figures et un fragment de triomphe, par Bandinelli et dans la manière de Polidore : trois dessins à la plume.

197. L'acropolis d'Athènes ; la place de Top-Hanah, à Constantinople ; le portique de Philippe, à Rome ; vues du pont de Serein et du château de Pierre-Encise, à Lyon : cinq dessins exécutés de différentes manières, par MM. Bidault, Dunouy, Préaut et autres.

198. Etudes de têtes et de figures entières, compositions diverses et paysages, dessinés à la plume, mêlé de lavis, à la sanguine et au crayon noir.

199. Tête de Méduse, Tritons, la Victoire couronnant les arts, etc.; cinq dessins exécutés au crayon de sanguine, par Bouchardon.

200. Antiochus et Stratonice, Bacchus et Bacchantes : deux dessins à la plume et lavis, par Chaises.

201. Quatre dessins à la sanguine, par de Boissieu : portrait de sa femme, ceux de son fermier et de sa fermière, et une tête d'enfant.

202. Madeleine pénitente; saint personnage en adoration; bergers conduisant leurs troupeaux : trois pièces dessinés par Lagrénée, Lelu et Palmérius.

203. Sujets divers dessinés à la plume et au lavis, par P. Giannelli, tirés des histoires sainte et profane.

204. Paysage avec effet de clair de lune, par Lantara; intérieur d'étable; villageois abreuvant un troupeau, et autres scènes pastorales, par Huet, en tout cinq dessins, à la plume, au lavis, à la sanguine et aux crayons de plusieurs couleurs.

205. Études de figures et d'animaux, par Miéris, Saftleven, Vander-Meulen et Van-der-Does : dix dessins et contre-épreuves.

206. Têtes, portraits, jeunes filles occupées à coudre, etc.; par madame Moitte, née Castellas : sept dessins à la plume et au lavis d'encre de la Chine.

207. Les apprêts d'une course à Rome; Andromède; antiquités; par Pacelmi et Maria-Teresa Reggi : trois pièces dessinées à la plume et au lavis.

208. Descente de croix, à la plume avec lavis, par Canglage; extase de saint François, à la plume, par F. Vanni; saint Nicolas, à la plume et lavé; plus une tête, par Tieopolo : en tout quatre dessins.

209. Dessins d'après des monuments antiques, tels que bas-reliefs, sarcophages, candelabres, urnes, colonnes, chapiteaux, etc.; par J.-A. Renard : six feuilles.

210. Tous les objets non décrits dans cette notice seront appelés et vendus sous ce numéro.

FIN DE LA NOTICE.

IMPRIMERIE D'HIPPOLYTE TILLIARD,
Rue de la Harpe, n° 78.

www.ingramcontent.com/pod-product-compliance
Ingram Content Group UK Ltd.
Pitfield, Milton Keynes, MK11 3LW, UK
UKHW022139260726
13993UKWH00005B/2031

9 782329 077086